Schüler davon zu überzeugen, dass Geschichte wichtig und bedeutsam ist, kann als wohl größte Herausforderung des Geschichtsunterrichts gelten. Gegenwarts- und Zukunftsbezügen fällt hierbei eine entscheidende Rolle zu (vgl. Schnakenberg 2022). Dies ist keine neue Erkenntnis. Schon vor über 60 Jahren hatten kluge Geschichtsdidaktiker erkannt, dass historisch-politische Bildung **„in der *Gegenwart* aus der *Vergangenheit* auf die *Zukunft* [weist]**". Apodiktisch stellte man fest: „ohne einen Ausblick auf die letztere würde der Geschichtsunterricht seinen Zweck verfehlen" (Kleinknecht 1963, S. 15, Hervorhebungen U. S.).

„Lasst den Drachen schlafen. Wenn er aufwacht, wird er den Erdkreis erschüttern", soll Napoleon gesagt haben. Heute, 200 Jahre später, ist **der chinesische Drache erwacht**. Die Frage, wie sich der Aufstieg Chinas gestalten wird, welche Folgen er hat und wo er enden wird, gehört wohl zu den spannendsten Fragen, die sich der Welt aktuell stellen – und die uns auch in den nächsten Jahren und Jahrzehnten weiter intensiv beschäftigen werden.

Neigt sich das Zeitalter der Aufklärung und der westlichen Dominanz dem Ende zu?

Chinas rasante Modernisierung hat das Land zu einer führenden Wirtschafts- und inzwischen sogar Technologiemacht werden lassen. Der scheinbar unaufhaltsame ökonomische Aufstieg des Reichs der Mitte wirft dabei **existentielle Fragen** auf: Droht eine Konfrontation zwischen den USA und China, zwischen der alten Supermacht und der Supermacht der Zukunft? Wenn dem so ist, wird diese Auseinandersetzung nur auf dem Feld der Wirtschaft, der Propaganda und der Ideologie ausgetragen? Oder drohen militärische Zusammenstöße? Und welche Folgen hätte es für freiheitlich-demokratische Gesellschaften, wenn sich die pseudokommunistische Diktatur im Systemwettbewerb mit dem Westen als überlegen erweist?

Experten sind sich uneins darüber, wie stabil die Herrschaft des neuen starken Mannes Xi Jinping tatsächlich ist. Die wichtigsten ökonomischen Kennziffern zeigen aktuell eher nach unten, Fehlinvestitionen und Schuldenberge drücken die Wirtschaft. Wie unzufrieden die Chinesen mit ihrer Staatsführung wirklich sind, ob sie die allgegenwärtige Propaganda, den **Personenkult um „Papa Xi"**, Zensur und Überwachung dauerhaft akzeptieren werden, wissen wir nicht. Lange Zeit jedenfalls hielt das Bündnis zwischen Staat und Volk, das man auf den simplen Nennen bringen könnte: **Ihr gebt eure Freiheit und bekommt dafür Wohlstand**.

Das urbane China erlebte unter der Herrschaft der KP in den vergangenen Jahrzehnten einen einzigartigen Wohlstandsschub, womit die Partei gerade die städtische Mittelschicht lange Zeit zu den zufriedensten Bürgern des Landes und zu ihrem größten Alliierten machte. Gleichzeitig, so betonen China-Kenner wie Kai Strittmacher, sind jedoch auch die Herausforderungen gewaltig: „Die Gesellschaft altert rapide, und an der **Spaltung des Landes** in Arm und Reich vermochte Xi bislang nichts zu ändern. Ganz im Gegenteil: Das sich kommunistisch nennende China ist längst **eine der ungleichsten Gesellschaften der Welt** [...]. (Strittmacher 2018, 11 f.).

Ein ungeschriebenes Gesetz der Geschichte lautet zudem, dass ein aufsteigendes Bürgertum irgendwann politische Mitsprache fordern wird. Auch wenn angesichts der allumfassenden staatlichen Kontrolle von einer Demokratiebewegung à la 1989 nichts zu sehen ist, ist es keineswegs ausgeschlossen, dass sich irgendwann erneut Protest gegen die Diktatur erheben wird. Wie plötzlich und unerwartet eine anfängliche kleine Protestbewegung zu einem massenhaften Aufstand anwachsen kann, hat zuletzt der Arabische Frühling im Jahr 2011 gezeigt.

China wird und will die USA nicht als Weltmacht ablösen?

Der Aufstieg Chinas hat neben den rein ökonomischen auch massive geopolitische und militärische Folgen. Mit dem Projekt der **Neuen Seidenstraße** (Belt and Road Initiative, BRI) übt China seit einigen Jahren starken Einfluss auf Staaten in Asien, Afrika und selbst Europa aus, etwa in Form von Beteiligung an Häfen, dem Bau von Straßen, Bahnlinien und anderen Infrastrukturprojekten. Im Unterschied zu uns Europäern zeigen Xi und seine Leute dabei keine Hemmungen, mit Diktatoren zusammenzuarbeiten. Nach dem Abzug der NATO aus Afghanistan etwa stießen die Chinesen rasch in das Vakuum vor und bemühten sich, nun auch am Hindukusch Fuß zu fassen.

Allerdings dürften Negativbeispiele wie die aktuelle Krise Sri Lankas vielen chinesischen Partnern eine Warnung sein: Nachdem der Inselstaat seine überbordenden Schulden nicht mehr begleichen konnte, rührte Peking keinen Finger, um dem völlig verarmten Land zu helfen. Thomas L. Friedman, der bekannte Kolumnist der New York Times, betont denn auch zurecht: „Unser größter Vorteil gegenüber China – wir haben **Verbündete, die unsere Werte teilen**; China hat nur Kunden, die seinen Zorn fürchten."

Nach Ansicht vieler Experten wird China die USA noch auf lange Zeit als Supermacht nicht ablösen, eine Tatsache, der sich China durchaus bewusst sei: China mangele es trotz seines rasanten Wachstums an militärischer und ökonomischer Stärke. Bis vor kurzem galt China **noch als Entwicklungsland**. Laut Matthias Naß greift China aber auch aus einem weiteren Grund nicht nach der Weltmacht:

> China hatte nie den westlichen Missionierungs- und Welteroberungsdrang. Das Reich der Mitte ruhte in sich, es war sich selbst genug. „Tianxia", Alles unter dem Himmel, das traditionelle Ordnungsprinzip des kaiserlichen Chinas, bezog sich auf das Reich und seine Nachbarstaaten, nie auf den gesamten Weltkreis. Was kümmerten Peking die fernen Barbaren! Dieser **Sinozentrismus**, das Gefühl kultureller Besonderheit und Überlegenheit, lebt noch heute fort. Und so wenig man in ferne Händel verstrickt werden will, so wenig möchte man fremde Länder mit eigenen Glaubenslehren beglücken. (Naß 2021, 292 f.)

Allerdings wachsen nach dem russischen Angriff auf die Ukraine die Sorgen, dass China in Putins Kielwasser seinen nie aufgegeben Anspruch auf Taiwan irgendwann einlösen wird. Eine der beängstigendsten Fragen ist, wie Xi Jinping handeln wird, wenn er innenpolitisch – etwa aufgrund eines wirtschaftlichen Abschwungs oder gar eines Crashs – unter Druck geraten sollte. Wird er dann **sein Heil in einer verschärften Außenpolitik suchen**, um von den häuslichen Problemen abzulenken und seine Macht zu retten?

Umsetzung im Unterricht

Der vorliegende Unterrichtsvorschlag ist flexibel einsetzbar: Mit einzelnen Materialien können im Rahmen klassischer Lehrplanthemen wie **„Der Kalte Krieg"** punktuell Bezüge zwischen Europa, der Sowjetunion und den USA einerseits und Ostasien andererseits hergestellt werden; das Thema „Der Aufstieg Chinas" kann aber auch als eigenständige Unterrichtssequenz behandelt werden. In diesem Fall können einzelne Materialseiten des Heftes wie im **„Baukastensystem"** flexibel entnommen und neu kombiniert werden.

Für den Einstieg in das Thema eignen sich aktuelle Presseberichte zur wirtschaftlichen Aufholjagd Chinas, zur Neuen Seidenstraße, zu Konflikten im Südchinesischen Meer etc. ebenso wie die Statistik M4. Durch die Vorhersage der OECD, dass das Reich der Mitte (gemeinsam mit Indien) die Welt im Jahr 2060 wirtschaftlich dominieren wird, erschließt sich Schülern rasch **die Gegenwarts- und Zukunftsbedeutung** des Themas. Ähnliches gilt für die Frage, ob eine potentielle Ablösung der USA als Weltmacht Nr. 1 sich friedlich vollziehen wird (wie im 20. Jahrhundert die Verdrängung Großbritanniens durch Amerika) oder zum Krieg führen könnte (wie die Mächterivalität zwischen Großbritannien und dem Deutschen Reich nach 1900; vgl. M28 und M29).

Didaktisch-methodischer Kurzkommentar

Eine Besonderheit des vorliegenden Heftes sind sicherlich die vielen chinesischen Quellen. Dass es sich hierbei zumeist um **agitatorisch-propagandistische Texte** handelt (M7, M19, M22, M29), macht den spezifischen Reiz, zugleich aber auch die besonderen Herausforderungen dieser Quellen aus: Was wir Lehrende mit einem Blick als perspektivische Verfärbung, unfundierte Behauptung oder sogar eindeutige Lüge erkennen, wird von Schülern nicht immer (sofort) erkannt. Unter vielen Jugendlichen herrscht – teilweise bis zum Ende der Sekundarstufe II – immer noch ein **affirmativ-positivistisches Quellenverständnis** vor. Es hilft jedoch nicht, darüber zu jammern; stattdessen müssen wir Lehrer uns an die eigene Nase fassen und den kritischen Umgang mit Quellen ganz offensichtlich intensiver üben (Spieß, 2014). Das vorliegende Heft stellt verschiedene Beispiele bereit, mit denen die in Zeiten von massenhaft verbreiteten Fake News immer bedeutsamere Kompetenz der **Ideologiekritik** Schritt für Schritt eingeübt werden kann (M). Um es den Schülern nicht gar allzu leicht zu machen, wurden die Quellenangaben auf den entsprechenden Arbeitsblättern so hell gedruckt, dass sie beim Kopieren verschwinden.

Geschichte ist für Schüler nicht per se spannend. Hier kann man häufig mit **Emotionalisierung** und **Personalisierung** ansetzen: Die eigene Unterrichtserfahrung hat gezeigt, dass Quellen, in denen es ganz konkret um das Schicksal einzelner Menschen geht und denen die **Alterität** der Vergangenheit (bzw. teilweise auch noch der chinesischen Gegenwart), auch weniger geschichtsinteressierte Lernende „packen" können (M9, M10). Ähnliche Chancen bieten im Übrigen **Irritationen** wie die graphische Gegenüberstellung von Maos Verbrechen mit den an seinem Grab weinenden Menschen (M12).

Die jüngsten Untersuchungen zur Lesekompetenz deutscher Viertklässler zeigen, wie groß die Schwierigkeiten vieler Schüler im Bereich Lesen und Textverständnis sind. Aus diesem Grund gilt heute mehr noch als vor zehn Jahren: **Weniger ist mehr!** Lieber nur eine Quelle pro Doppelstunde, mit der dann aber umso intensiver gearbeitet wird. So kann man etwa durch das Erstellen gemeinsamer Tafelbilder bewusst verlangsamen, das Verständnis unterstützen und schließlich auch sinnvoll sichern. Erst dann sind die Voraussetzungen dafür gelegt, im Plenumsgespräch in den AFB III überzugehen und auch **Werturteile** zu fällen.

Einer Quelle oder einer Darstellung **eine eigene Überschrift zu geben**, stellt für Schüler einerseits eine erhebliche Herausforderung dar; zwingt es sie doch, die Hauptaussage des Materials zu finden – und diese dann auch noch präzise zu formulieren. Andererseits kann man davon ausgehen, dass ein so bearbeiteter Text dann auch tatsächlich „verstanden" und nicht nur oberflächlich „gelesen" wurde. Die Fähigkeit, unterschiedlichen Materialien zentrale Thesen zu entnehmen, soll mithilfe des vorliegenden Heftes gezielt geübt werden.

Ein Großteil der Aufgaben ist kooperativ angelegt: Die Schüler recherchieren und lesen in Einzelarbeit und tauschen sich anschließend in Gruppen über ihre individuellen Arbeits- und Rechercheergebnisse aus. Spätestens am Ende der Unterrichtseinheit sollen dann die unterschiedlichen Stränge in Form einer gemeinsamen Abschlussdiskussion sowie einer individuellen Auseinandersetzung in Form eines längeren **Essays** zusammengeführt, problematisiert und beurteilt werden. Hierzu bieten sich u.a. folgende Fragen an:

- Wie ist die Politik der KPCh von 1949 bis heute zu beurteilen?
- Mao und Deng – erfolgreiche „Führer"?
- Ist der Aufstieg Chinas die bedeutsamste politische Entwicklung der nächsten Jahrzehnte?
- Ist der Aufstieg Chinas unaufhaltsam?
- Wie ist das chinesische politische System zu bewerten?
- Wird der Aufstieg Chinas friedlich verlaufen?
- Welche Folgen hätte der Aufstieg einer Ein-Parteien-Diktatur wie China für uns in Europa?

M1 Was bedeutet Chinas Aufstieg für den Westen und die Welt?

Der amerikanische China-Experte Michael Schuman schrieb 2021 über die „Die ewige Supermacht":

Die große Frage des 21. Jahrhunderts lautet: Was will China? Denn ohne Frage ist China die aufsteigende Macht des Zeitalters. Was das für die derzeitige Weltordnung bedeutet, die seit dem Ende des Zweiten Weltkriegs von den Vereinigten Staaten von Amerika geschaffen und angeführt wurde, ist das Thema von unzähligen Think-Tank-Studien und Kongressanhörungen, Fluten von Publikationen und Gesprächen auf Abendgesellschaften von Washington bis Tokio. Was genau wird China mit seiner neuen Macht unternehmen? Wird China ein Partner des Westens und seiner Verbündeten? Oder hat es den Wunsch, die Welt zu verändern und neue Werte [...] zu propagieren? Wird es sich an unsere Spielregeln halten oder neue schreiben?

Die Antwort auf all diese Fragen ist im Kern relativ einfach: China will das, was es immer wollte. China war in seiner Geschichte so gut wie immer eine Supermacht – und es will wieder eine Supermacht sein. Selbstverständlich sind die Ziele der heutigen politischen Führer Chinas nicht dieselben wie im Jahr 1000 n. Chr., geschweige denn 1000 v. Chr. Nichtsdestotrotz gibt es einige verblüffende Übereinstimmungen in der Haltung Chinas gegenüber der Welt quer durch den Verlauf seiner Geschichte, von der über 3000 Jahre auf überprüfbaren schriftlichen Quellen basieren. Diese Geschichte hat in den Chinesen eine feste Überzeugung davon heranreifen lassen, welche Rolle sie und ihr Land in der Welt heute und in der fernen Zukunft für immer spielen sollten. In ihren eigenen Augen haben die Chinesen ein Anrecht darauf, eine führende Weltmacht zu sein, und sie wollen auf den ihnen gebührenden Platz an der Spitze der Weltordnung zurückkehren.

Dies Wahrnehmung basiert bis zu einem gewissen Grad auf der realen Geschichte. China war die längste Zeit seiner Existenz die größte, bedrohlichste, reichste und fortschrittlichste Zivilisation Ostasiens. Die Chinesen verfassten schon erlesene Dichtungen, ehe ihre Nachbarn überhaupt schreiben konnten. Die Chinesen waren Pioniere bei der Staatenbildung, bei technologischen Innovationen, in der Philosophie, Literatur und Wirtschaftsorganisation. Diese Merkmale der fortschrittlichen chinesischen Zivilisation breiteten sich in der ganzen Region aus und machten Ostasien zu einer Kulturzone, die sich vom Rest der Welt abhob. Hier lasen Menschen von Japan bis nach Vietnam und darüber hinaus chinesische Bücher, kopierten chinesische Gesetzeskodizes und Erziehungsmethoden, hielten sich an chinesische diplomatische Standards und erlernten, in gehobenen Kreisen, die chinesische Sprache.

Schuman, Michael: Die ewige Supermacht, Berlin 2021, S. 25 f.

Worterklärungen:
Think Tanks: „Denkfabriken", oft Universitäten
Kodex (Sing.), Kodizes (Pl.): Gesetzessammlungen

M2 China: Aktuelle Schlagzeilen

Xi Jinping erneut als Präsident bestätigt
Mit Billigung des Volkskongresses wird der Staats- und Parteichef zur wichtigsten Führungsfigur seit Mao Tsetung. Im engsten Machtzirkel finden sich nur noch Getreue.

Deutsche Welle, 10.3.2023.

Wladimir Putin und Xi Jinping fordern Ende von Nato-Erweiterung
In einer gemeinsamen Erklärung beschuldigen Putin und Xi die Nato, an der Logik des Kalten Krieges festzuhalten. Auch kritisieren sie die US-Präsenz im pazifischen Raum.

Die Zeit, 4.2.2022.

„Wie in Nordkorea": Hongkong bekommt „drakonisches" Sicherheitsgesetz
Vier Jahre nach der Niederschlagung der Demokratiebewegung zieht China die Daumenschrauben weiter an: Hongkong bekommt ein neues Sicherheitsgesetz. Kritiker sind entsetzt.

Frankfurter Rundschau, 20.3.2024.

1. Was weißt du über Chinas Geschichte und das heutige China? Lege eine Mindmap an.
2. Fasse das chinesische Selbstverständnis in etwa zehn Sätzen zusammen (M1).
3. Erläutert die Schlagzeilen M2 mündlich in Kleingruppen und tauscht anschließend aus, was ihr bereits über China wisst.

M3 Wer ist Xi Jinping – und was hat er mit China vor?

Im Oktober 2022 wurde Xi Jinping zum dritten Mal in Folge zum Chef der Kommunistischen Partei gewählt; im folgenden Juni feierte er seinen 70. Geburtstag. Der Historiker und Journalist Jochen Stahnke, China-Korrespondent der Frankfurter Allgemeinen Zeitung, befasst sich aus diesem Anlass mit der Biographie das Staats- und Parteichefs:

Als Xi sechs Jahre alt war, gehörte sein Vater als stellvertretender Ministerpräsident zum Machtzentrum der Volksrepublik, der junge Xi wuchs als „Prinzling" auf. Drei Jahre später verlor sein Vater alle Ämter, weil er ein Buch über einen in Ungnade gefallenen Funktionär gelobt hatte. Mit Beginn der Kulturrevolution 1966 mussten die Eltern ins Gefängnis, den 13 Jahre alten Xi beschimpfte man öffentlich. Mit 15 wurde er zum Arbeiten aufs Land verschickt, wo er unter armen Bauern die prägenden Jahre seiner Jugend verbrachte. Bis ins Alter von 22 Jahren blieb er dort und erhielt kaum formale Bildung. Währenddessen wurde seine Halbschwester in den Selbstmord getrieben. Was macht das aus einem Menschen, der jetzt Staats- und Parteichef ist?

Xi entschied sich, „zu überleben, indem er roter als rot wurde", sagte ein Weggefährte. Zehnmal musste sich Xi bewerben, bis ihn die Kommunistische Partei aufnahm. Die Kulturrevolution war für ihn keine Schandtat der Partei, sondern sie markierte ihren Kontrollverlust. Politische Stabilität sucht er seither über die eiserne Hand zentralisierter Führung, nicht über revolutionären Aufruhr.

Als Mao starb und Deng Xiaoping an die Macht kam, wurde Xis Vater rehabilitiert und als Parteisekretär der Provinz Guangdong eingesetzt, wo er eine freie Wirtschaftszone einrichtete. Xi Jinping durfte auf politische Empfehlung hin studieren, später besorgte ihm sein Vater auch eine Stelle als Sekretär eines Generals, der ihm ein langjähriger Mentor blieb. Das unter Deng angeordnete Massaker auf dem Platz des Himmlischen Friedens 1989 in Peking erlebte Xi als Parteisekretär der Küstenprovinz Fujian. Die Demokratieproteste bedeuteten für Xi einen neuerlichen Kontrollverlust. Er verglich sie mit der Kulturrevolution. „Dürfen sich diese Tage wiederholen?" rief er 1989 in Fujian. „Ohne Stabilität und Einheit zählt nichts anderes."

Chinas wirtschaftliche Boomjahre der Neunziger und Zweitausender gingen mit grassierender Korruption einher. [Xi traute man zu, dass der die Korruption beenden würde.] So wählten die KP-Altvorderen Xi wohl auch in der Hoffnung zum Anführer, er könne das System wieder festigen. Aber viele hatten unterschätzt, wie weit er auf dem Weg der Zentralisierung aller Macht auf sich selbst gehen würde. Die oft beliebten Antikorruptionsmaßnahmen dienten ihm gleichzeitig dazu, alle inneren Machtgruppen außer der eigenen auszuschalten. [...]

Nach seiner Machtübernahme 2012 geht Ideologie nun einher mit dem Kampf der Systeme, dem Kampf gegen Korruption und dem Kampf gegen die befürchtete innere Zersetzung der KP, die Xi beim Fall der Sowjetunion als abschreckendes Beispiel anführt. Dazu zentralisiert er die Macht: das Militär als Machtgarant der Partei, innere Sicherheit, die Propaganda und den Parteiapparat. Heute besteht der Ständige Ausschuss des Politbüros aus persönlichen Loyalisten, informelle Machtstrukturen dominieren, und Einblicke in Entscheidungsprozesse haben immer weniger Personen. Insbesondere das einst korrupte und in alten Kommandostrukturen verhaftete Militär brachte Xi unter direkte Führung und modernisierte es wie kein Vorgänger.

Außenpolitisch hegt er offenbar auch deshalb den Anspruch, die USA auf allen Ebenen herauszufordern, selbst wenn das wirtschaftlich stagnierende und demographisch absinkende China lange nicht ebenbürtig ist. Der Wissenschaftler Wu Guoguang erklärt Xis Prioritätenwandel damit, dass er nicht habe warten können. Ohne Bedrohungsszenarien hätte er keine Rechtfertigung, mit den Normen zu brechen und für mehr als die bis dahin üblichen zehn Jahre hinaus an der Macht zu bleiben: Xi habe den „unreifen, aber essbaren Apfel" genommen und sich zur einzigen Person erklärt, die China in die „neue Ära" führen könne. Sein Drang, globale Ambitionen zu erzwingen und Rivalen im eigenen Land auszuschalten, müsste viele Gegner hervorrufen. Aber es gibt in China niemand, der ihn einhegen könnte. An diesem Donnerstag wird Xi Jinping siebzig, und unabhängig von der realen Dauer seiner Amtszeit dürfte China noch lange Xis Land bleiben.

Stahnke, Jochen: Xi Jinping wird China noch lange prägen, in: Frankfurter Allgemeine Zeitung, 15.6.2023.

1. Gib den einzelnen Textabschnitten jeweils eine eigene Überschrift.
2. Erläutere, welche Auswirkungen wichtige Schlüsselereignisse der chinesischen Geschichte auf die Familie Xi Jinpings hatten.
3. Erkläre, wie Xi an die Macht kam und wie es ihm gelang, sich diese Macht auf Dauer zu sichern.

M4 Chinas Aufstieg – müssen wir Angst haben?

Der Journalist Frank Sieren hat lange in China gelebt. Er sieht die Entwicklung dort wie folgt:

Der Aufstieg Chinas bedeutet [...], dass die Welt multipolarer wird, man kann auch sagen demokratischer. Noch nie hatten so viele Menschen die Möglichkeit, die Entwicklung der Welt mitzugestalten, wie heute. Noch nie wurden so schnell so viele Menschen aus der Armut befreit. Woher nimmt der Westen sich das Recht, den Chinesen zu sagen, was sie zu tun und zu lassen haben? Wegen der sozialen Gerechtigkeit? Weil wir weiter entwickelt sind? Weil China eine Diktatur ist? Weil wir davon ausgehen, dass sich in der Welt unsere Werte durchsetzen werden? Die Antwort auf solche Fragen fällt uns immer schwerer.

Sieren, Frank: Der China-Schock. Wie Peking sich die Welt gefügig macht, Berlin 2008, S. 27.

M5 Hongkong und Taiwan: Chinas Nachbarn haben Angst

Für Xi ist Taiwan ein Teil Chinas; eine Unabhängigkeit der Insel lehnt er ab. Ein Auszug aus einem Interview hierzu mit Lin Fei-fan, der zu den einflussreichsten Beratern von Taiwans Präsidentin zählt:

Frage: Wie sehen Sie die Bedrohung durch eine chinesische Invasion in Taiwan? Ist das ein absehbares Szenario oder eher ein Rasseln mit dem Säbel?

Lin: Xis Ziel ist es, Taiwan schließlich zu annektieren. Nach der Machtübernahme von Xi Jinping im Jahr 2012 vollzog China einen großen nationalen Wandel von Deng Xiaopings „Hide and Bide"-Ansatz hin zu einer neuen Strategie, die aktiv und aggressiv die „große Verjüngung der chinesischen Nation" verfolgt.

Internationale Politiken wie die Belt and Road Initiative und die Schuldendiplomatie haben Chinas Einfluss in Entwicklungsländern erweitert. Intern ist die Kommunistische Partei Chinas hart gegen demokratische Bewegungen vorgegangen, einschließlich derjenigen in Xinjiang und Hongkong. China hat unablässig daran gearbeitet, Taiwans Entwicklung als souveräne Nation einzudämmen und sein demokratisches System zu untergraben, indem es unermüdlich eine Wiedervereinigung vorangetrieben hat. Wir begegnen diesem Kriegsszenario und geben gleichzeitig die Hoffnung nicht auf, Meinungsverschiedenheiten durch einen gleichberechtigten Dialog zu lösen. Schließlich will niemand Krieg. Die ganze Welt würde seine Auswirkungen zu spüren bekommen.

Krieg gegen Taiwan: „Die ganze Welt würde die Auswirkungen zu spüren bekommen", FOCUS, 23.9.2022, leicht gekürzt von Ulrich Schnakenberg.

M6 China unter Xi Xinping – Rückschritt in die leninistische Diktatur Maos?

Der Journalist Kai Strittmatter schreibt in seinem Buch „Die Neuerfindung der Diktatur" zu Vergleichen zwischen der Herrschaft Maos und Xi Jinping, dem neuen „starken Mann":

Xi geht [...] mit einem Bein einen Riesenschritt zurück in die Vergangenheit. Ihm steckt der Leninismus in den Knochen. Und die Lust auf Macht. Manche vergleichen ihn mit Mao Zedong, aber der Vergleich hinkt stark. Mao war der ewige Rebell, der im Chaos aufblühte. Der Kontroll- und Stabilitätsfetischist Xi Jinping ist in vielem geradezu die Antithese zu Mao. Xi ist kein Revolutionär [...]. Ein Experiment aus Maos Erbe allerdings erlebt gerade ein Comeback: Die KP übt sich erneut in lückenloser Gedankenkontrolle, sie versucht wieder einmal, den neuen Menschen zu formen. Bloß glaubt die Partei diesmal – im zweiten Anlauf –, weit bessere Chancen zu haben: Chinas Diktatur unterzieht sich gerade einem Update mit den Instrumenten des 21. Jahrhunderts. Mit dem anderen Bein nämlich geht Xi einen Riesenschritt in die Zukunft, an einen Ort, nach dem schon viele Diktatoren gesucht haben, an dem aber noch keiner war. Die Zeiten, da die Partei etwa dem Internet nervös und bang gegenüberstand, sind längst vorbei. Das Regime hat nicht nur keine Angst mehr davor, es hat die neuen Technologien geradezu lieben gelernt: China setzt auf Informationstechnologien wie kein zweites Land. Die Partei glaubt, mit Big Data und künstlicher Intelligenz (KI) Steuerungsmechanismen schaffen zu können, die ihre Wirtschaft in die Zukunft katapultieren und ihren Apparat krisenfest machen.

Strittmatter, Kai: Die Neuerfindung der Diktatur, München 2018, 11 f.

1. Handelt es sich beim Aufstieg Chinas tatsächlich um „die" große Frage des 21. Jahrhunderts? Welche Folgen wird dieser Aufstieg haben? Beziehe Stellung. (M1, M4, M5)
2. Beschreibe, wie Kai Strittmatter das China unter Xi wahrnimmt (M6).
3. Erläutere, wie der Journalist Sieren (M4) bzw. die Regierung Taiwans (M5) Chinas Aufstieg sehen.
4. Droht mit dem Machtantritt Xis ein Rückschritt in eine „leninistische Diktatur"? Beziehe Stellung.

M7 Ein Blick in die Zukunft: Wirtschaftswachstum in der Welt bis 2060

Die OECD erstellt regelmäßig Szenarien für die Entwicklung der Weltwirtschaft. Hier eine Prognose aus dem Jahr 2012, die bis in das Jahr 2060 blickt:

Wie sich die Schwergewichte bis 2060 verschieben

Anteil am Welt-BIP
in Prozent (kaufkraftbereinigt)[1]

Wachstum des realen BIP
2011 bis 2060 (Jahresdurchschnitt in Prozent)[1]

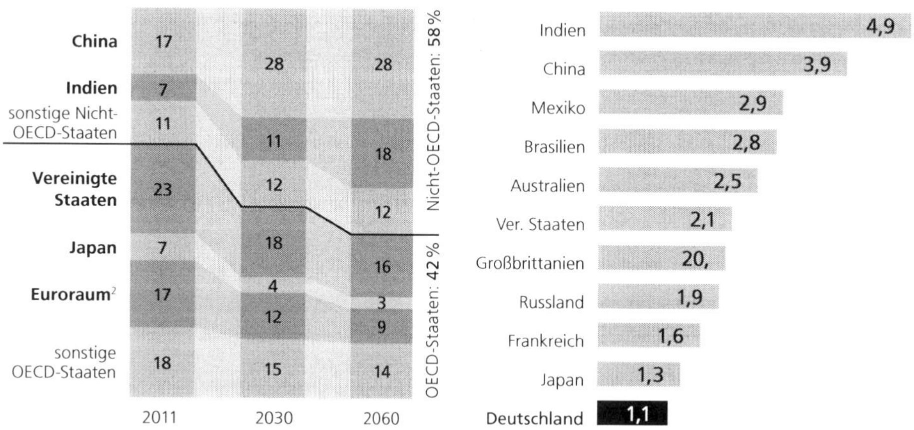

[1] Wachstumsszenarien der OECD; ausgewählte Länder. BIP = Bruttoinlandsprodukt.
[2] Welt-BIP-Anteil Deutschlands sinkt um 58 % von 4,8 % 2011. auf 2,0 % im Jahr 2060.

Nach: Frankfurter Allgemeine Zeitung, 10.11.2012.

M8 Der Aufstieg des Westens und der Abstieg Chinas im 19. Jahrhundert

Der Historiker Paul Kennedy hat folgende Daten zur historischen Welt-Industrieproduktion zusammengetragen (Angaben in Prozent):

Relative Anteile an der Welt-Industrieproduktion zwischen 1750 und 1913

	1750	1800	1830	1860	1880	1900	1930
Großbritannien	1,9	4,3	9,5	19,9	22,9	18,5	13,6
Deutschland	2,9	3,5	3,5	4,9	8,5	13,2	14,8
USA	0,1	0,8	2,4	7,2	14,7	23,6	32,0
China	32,8	33,3	29,8	19,7	12,5	6,2	–
Indien/Pakistan	24,5	19,7	17,6	8,6	2,8	1,7	–

Nach: Kennedy, Paul: Aufstieg und Fall der großen Mächte. Ökonomischer Wandel und militärischer Konflikt von 1500 bis 2000, Frankfurt/M. 1989, S. 237, 309 ff.

1. Beschreibe die Statistik M8.
2. Übertrage die Daten für China und zwei westliche Länder deiner Wahl aus M5 in ein Koordinatensystem.
3. Fasse die wichtigsten Aussagen der Statistik auf ca. einer halben Seite zusammen.
4. Gib der Statistik M8 eine passende Überschrift. Erläutere anschließend die Gründe für die dargestellte Entwicklung. (Stichwort: „Industrialisierung", „Imperialismus")

M9 Überblick über 75 Jahre Geschichte

Großer Sprung nach vorn: Eine 1958 gestartete Kampagne, mit der Mao die Dörfer industrialisieren und so den wirtschaftlichen Rückstand gegenüber dem Westen verringern wollte. Bauern, die mit Gewalt zur Stahlproduktion in primitiven Hochöfen gezwungen wurden, vernachlässigten ihre Felder. Die Ernteerträge gingen extrem zurück, Millionen Menschen verhungerten.

Kulturrevolution: Nach dem Desaster des „Großen Sprungs" hatten Parteigenossen Mao Tse-Tung zunächst beiseite gedrängt. In der Absicht, seine Führungsrolle in der KPCh zurückzugewinnen, wollte Mao mit dieser Kampagne zwischen 1966 und 1976 seine Idee von einer klassenlosen Gesellschaft gewaltsam durchsetzen. Er ermunterte insbesondere Schüler und Studenten, das „Alte" zu bekämpfen. Die fanatisierten „Roten Garden" jagten, folterten und demütigten bald darauf ihre Lehrer, Professoren sowie Gegner Maos innerhalb der Kommunistische Partei (KPCh).

Gründung der „Volksrepublik": 1949, nach rund 20 Jahren Bürgerkrieg, hatte sich die Kommunistische Partei (KPCh) gegen ihre Gegner durchgesetzt. Mao Tse-Tung rief die „Volksrepublik China" aus. Sein Widersacher Tschiang Kai-Tschek floh nach Taiwan und gründete dort einen eigenen Staat.

Westlicher Imperialismus: Seit den Opium-Kriegen in den 1840er Jahren war China immer mehr in Abhängigkeit der europäischen Großmächte, Japans und der USA geraten. Um 1900 herum hatten diese das „Reich der Mitte" praktisch unter sich aufgeteilt – eine tiefe Demütigung für die größte und älteste Kulturnation der Erde.

Mao Tse-Tung: Gemeinsam mit Tschiang Kai-Tschek kämpfte Mao Tse-Tungs kommunistische Partei Chinas (KPCh) im Zweiten Weltkrieg gegen die japanische Besatzung. Nach der Niederlage der Japaner kam es zwischen den ehemaligen Verbündeten zum Bürgerkrieg, den Mao 1949 für sich entschied. Mao blieb bis zu seinem Tod 1976 der mächtigste Mann im Reich der Mitte.

Demokratiebewegung: Menschenrechtsaktivisten und Oppositionelle werden in China bis heute verfolgt. Wie unnachgiebig die kommunistische Führung mit Protest umgeht, zeigte sich besonders deutlich in der Reaktion der Staatsführung auf die Studentendemonstrationen auf dem Pekinger Platz des Himmlischen Friedens. Bei der Niederschlagung der Proteste am 3./4. Juni 1989 starben ca. 3000 Menschen, viele weitere flohen ins Ausland.

Taiwan: Nach der Niederlage im chinesischen Bürgerkrieg zog sich die Kuomintang nach Formosa (Taiwan) zurück und errichtete dort einen eigenen Staat. Dieser war a) kapitalistisch, b) ist heute demokratisch und c) wirtschaftlich schon früh sehr erfolgreich.

1. Zerschneidet die Kopie entlang der gestrichelten Linien. Bringt die einzelnen Abschnitte in eine sinnvolle chronologische Reihenfolge. (Gruppenarbeit)
2. Informiere dich genauer über zentrale Abschnitte der jüngeren chinesischen Geschichte, indem du u.a. die folgenden kurzen Videos schaust (und dir anschließend Notizen zum Thema machst. Teilt euch die Arbeit in der Gruppe auf. Informiert euch anschließend gegenseitig. Erstelle dann eine Mindmap (Einzelarbeit).

Taiwan vs. China: Die Geschichte des Konflikts (MrWissen2go):

https://www.youtube.com/watch?v=B4STPXDtl3M

Wie China die Welt erobern will (MrWissen2go feat. Breaking Lab):

https://www.youtube.com/watch?app=desktop&v=u1yUxpC0xgs

China: Geschichte eines Riesenreichs (MrWissen2go):

https://www.youtube.com/watch?v=-jlBp-dBSxA

copy

M10 Ein chinesischer Blick auf die chinesische Geschichte – in einem Verfassungsdokument?

Ein Auszug aus der „Verfassung der Volksrepublik China":

Verfassung der Volksrepublik China
angenommen auf der 5. Tagung des V. Nationalen Volkskongresses am 4. Dezember 1982

Präambel

China ist eines der Länder mit der längsten Geschichte in der Welt. [...] Von 1840 an verwandelte sich das feudale China allmählich in ein halbkoloniales und halbfeudales Land. Das chinesische Volk hat einen aufopferungsvollen und heroischen Kampf für die staatliche Unabhängigkeit und nationale Befreiung, für Demokratie und Freiheit geführt.

Während des 20. Jahrhunderts hat China große und umwälzende historische Veränderungen erfahren. Die Revolution von 1911, geleitet von Dr. Sun Yat-sen, schaffte die feudale Monarchie ab und begründete die Republik China. Aber die historische Aufgabe des chinesischen Volkes zum Kampf gegen den Imperialismus und Feudalismus war damit noch nicht erfüllt.

Im Jahre 1949 haben die Volksmassen aller Nationalitäten in China, geleitet von der Kommunistischen Partei Chinas mit Vorsitzendem Mao Zedong als ihrem Führer, nach langwierigen schweren und verwickelten bewaffneten Kämpfen und durch andere Formen des Kampfes schließlich die Herrschaft des Imperialismus, Feudalismus und bürokratischen Kapitalismus gestürzt, den großen Sieg in der neudemokratischen Revolution errungen und die Volksrepublik China gegründet. So hat das chinesische Volk die Staatsmacht in die eigenen Hände genommen und ist Herr seines Landes geworden.

Nach der Gründung der Volksrepublik China wurde Schritt für Schritt der Übergang der chinesischen Gesellschaft von der neudemokratischen zur sozialistischen Gesellschaft vollzogen. Die sozialistische Umgestaltung des Privateigentums an den Produktionsmitteln ist abgeschlossen, das System der Ausbeutung des Menschen durch den Menschen ist abgeschafft, und das sozialistische System ist etabliert worden. Die demokratische Diktatur des Volkes, die von der Arbeiterklasse geführt wird und auf dem Bündnis der Arbeiter und Bauern beruht, dem Wesen nach also die Diktatur des Proletariats, ist konsolidiert und entwickelt worden. Das chinesische Volk und die Chinesische Volksbefreiungsarmee haben die Aggression, die Sabotage und die bewaffneten Provokationen seitens des Imperialismus und Hegemonismus besiegt, die Unabhängigkeit und Sicherheit des Landes gewahrt und die Landesverteidigung gestärkt. Im wirtschaftlichen Aufbau sind große Erfolge erzielt worden, ein unabhängiges, relativ vollständiges sozialistisches Industriesystem hat sich im Großen und Ganzen herausgebildet, und die landwirtschaftliche Produktion hat sich zusehends erhöht. [...] Der Lebensstandard der Volksmassen hat sich bedeutend verbessert. [...]

Die Ausbeuterklassen in unserem Land sind als Klassen aufgehoben, aber der Klassenkampf wird in bestimmten Grenzen noch für eine lange Zeit fortbestehen. Das chinesische Volk muß diejenigen Kräfte und Elemente im Inland wie im Ausland bekämpfen, die dem sozialistischen System unseres Landes feindlich gegenüberstehen und es zu unterminieren versuchen.

Taiwan ist ein Teil des geheiligten Territoriums der Volksrepublik China. Es ist die heilige Pflicht des ganzen chinesischen Volkes, einschließlich der Landsleute in Taiwan, die große Aufgabe der Wiedervereinigung des Vaterlandes zu vollbringen. [...] China kämpft konsequent gegen den Imperialismus, Hegemonismus und Kolonialismus, stärkt die Einheit mit den Völkern anderer Länder, unterstützt die unterjochten Nationen und die Entwicklungsländer in ihrem gerechten Kampf zur Erlangung und Verteidigung der nationalen Unabhängigkeit und zur Entwicklung ihrer nationalen Wirtschaft und bemüht sich, den Weltfrieden zu erhalten und die Sache des Fortschritts der Menschheit zu fördern. [...]

Übernommen aus: http://de.china-embassy.gov.cn/det/zt/XiueberDiplomatie/

Worterklärung: Hegemonismus; Hegemonie: das Streben eines Staates nach Vorherrschaft

1. Wie gut kennst du unser Grundgesetz? Nenne einige wichtige Rechte oder Bestimmungen, die sich in der „deutschen Verfassung" finden.
2. Lies anschließend den folgenden Auszug aus der „Verfassung der Volksrepublik China" und umkreise auffällige Textpassagen mit einem roten Stift.
3. Markiere Passagen und umkreise Begriffe, die dir besonders wichtig/interessant/untersuchenswert erscheinen.
4. Fasse wesentliche Aussagen – möglichst in eigenen Worten – in der Randspalte neben der Quelle knapp zusammen.
5. Vergleiche den Auszug aus der chinesischen Verfassung mit dem deutschen Grundgesetz oder der Länderverfassung deines Bundeslandes.
6. Beurteile Form und Aussage der chinesischen Verfassung. (Tipp: untersuche hierzu zwei bis drei Textstellen eingehend.)

M11 China rückt in den Kreis der Großmächte auf

Eine Karikatur aus einer amerikanischen Zeitung vom 23. Oktober 1963:

'Special Delivery for the Board of Governors'

Poinier, Dayton Daily News, 23. Oktober 1963 (Sammlung des Autors).

M12 Die eigene Mutter denunziert

Zhang Hongbing, heute als Rechtsanwalt ein Kritiker von Xi, war einst selbst als „Rotgardist“ glühender Anhänger der Kommunistischen Partei. Jahrzehnte später berichtet er, was in seiner Familie während der von Mao 1966 losgetretenen „Kulturrevolution“ passierte.

Zhang Hongbing war sechzehn, als er seine Mutter den Henkern auslieferte. Nur weil sie beim Abendessen gesagt hatte, sie sähe lieber einen anderen als Mao an der Spitze des Staates. „Kind“, sagte sie zu ihm, als er wütend protestierte, „du hast doch keine Ahnung vom Klassenkampf.“ Der Sohn sprang auf. „Wer ist hier dein Kind?, rief er. „Wir sind die roten Garden Mao Zedongs. Wenn du weiter Gift verspritzt, zerschmettere ich deinen Hundeschädel!“ Und als die Mutter ihrerseits immer zorniger wurde und sagte, na gut, dann werde sie jetzt eben das Bild des großen Mao von der Wand reißen, da mischte sich auch der Vater ein: „Fang Zhongmou!“, sagte er: „Du bist eine unverbesserliche Konterrevolutionärin und gehörst von nun an nicht mehr zu uns. Du bist der Feind. Wir bekämpfen dich!“

Der Sohn zeigte die Mutter an beim Revolutionskomitee, er schrieb in seiner Anklageschrift, seine Mutter habe den Tod verdient. Ein paar Wochen später erfüllten ihm die Revolutionäre den Wunsch und richteten die Mutter hin.

Strittmatter, Kai: Die Neuerfindung der Diktatur, München 2018, S. 109 f.

1. Beschreibe und interpretiere die Karikatur (M8). Gib der Zeichnung abschließend eine eigene Überschrift und vergleicht diese in der Gruppe.
2. Diskutiert in Partnerarbeit die Geschichte aus M9. Wie erklärt ihr euch das Handeln Zhang Hongbings?

M13 Indoktrination der jungen Generation/Folter und Mord im Namen des Kommunismus

Yao Bao, Professor aus Shanghai, berichtet 1999 in einem Vortrag von seinen Erfahrungen in der „Kulturrevolution":

Viele meiner Freunde, Kollegen, Verwandten und Vorgesetzten wurden im Handumdrehen als Konterrevolutionäre, Revisionisten, Landesverräter, was weiß ich noch, verurteilt. In meinen Augen waren sie nette und gutherzige Menschen. Sie bekannten sich ebenso wie ich zum Marxismus und Leninismus. Aber sie wurden degradiert, diffamiert, schikaniert, verfolgt, misshandelt und manche von ihnen fast zu Tode gequält oder sie waren einfach spurlos verschwunden. Ihre Wohnungen wurden von den Rotgardisten durchsucht, ihre Familienangehörigen diskriminiert, gedemütigt und erniedrigt. Viele klassische Werke, die sie hatten, wurden zu den kulturellen Dekadenzen des Westens gezählt und bei der Hausdurchsuchung entweder beschlagnahmt oder verbrannt. Denn die Werke von Goethe, Schiller, Thomas Mann oder Heinrich Heine gefährdeten und verseuchten die Sitten Chinas und die sozialistische Ideologie. [...] Als Deutschlehrer hatte ich natürlich auch solche Bücher. Ganz heimlich habe ich sie verbrannt. Als ich sie ins Feuer warf, hätte ich beinahe geweint. Denn sie hatten mir sehr viel bedeutet. [...].

Zu dieser Zeit waren alle Schulen, Unis, also alle Bildungsstätten laut Anordnung von oben geschlossen, sodass ich auch die Chance hatte, nach Peking fahren zu können. Um kostenlos, d.h. auf Kosten des Staates, nach Peking fahren zu können, musste ich zunächst in die Rote Garde eintreten. [...] Ich wurde sofort in die Rote Garde aufgenommen, weil ich aus einer Arbeiterfamilie stamme. [...] Einige meiner Kollegen stammten aus bürgerlichen Familien und Intellektuellenfamilien und wurden deshalb von den Rotgardisten diffamiert, gedemütigt und misshandelt, z. B. mussten sie jeden Morgen wie Hunde durch eine speziell für sie eingerichtete enge Seitentüre der Schule auf allen vieren kriechen. Wenn sie sich weigerten, wurden sie von ihren Schülern, den Rotgardisten, verprügelt oder schikaniert [...].

Nun war ich Mitglied der Roten Garde und in Peking, dem „Zentrum der Weltrevolution". Tausende und abertausende Jugendliche kamen wie Pilger aus allen Teilen des Landes nach Peking, um Mao von nahem zu sehen. In China war das üblich. Mao mit eigenen Augen zu sehen war der glücklichste Augenblick im ganzen Leben eines Chinesen. Man war jederzeit bereit, sich für ihn und für seine Idee zu opfern, wenn es nötig war. Durch die raffinierte Propaganda der Massenmedien sind viele Chinesen zum blinden Gehorsam erzogen worden. Ich konnte mich dieser listigen, raffinierten Propaganda auch nicht entziehen. [...]

Überall gab es Denunzianten. Man wagte kaum, sich seinem Nächsten, auch nicht seiner Frau, anzuvertrauen. Wer viel redet, verbrennt sich den Mund. Was ich nicht weiß, macht mich nicht heiß. Man fühlte sich eingeschüchtert und verängstigt. Überall herrschte der Verfolgungswahn. Nicht nur die Intellektuellen, auch die Arbeiter und Bauern litten unter ständigem seelischen Zwang und Druck; z. B. mein siebzigjähriger Vater, ein sehr anständiger, ehrlicher Arbeiter, wurde im Jahr 1970 ohne Grund festgenommen und musste ein ganzes Jahr im Gefängnis sitzen. Jemand hat ihm gewissenlos Unrecht angetan, sodass er im Gefängnis fast zu Tode gequält worden wäre. Es gab weder Gesetze noch Gerichtsprozesse, die Worte Maos waren die Gesetze. Wer die Macht in der Hand hatte, hatte auch die Wahrheit.

Zit. nach dem unveröffentlichten Manuskript des Vortrags von Yao Bao, gehalten am Historischen Seminar der Universität Düsseldorf, 1999; in: Klaus Mäding, China: Kaiserreich und Moderne, Berlin 2010, S. 172 ff.

1 Erkläre folgende Begriffe knapp in eigenen Worten:

Konterrevolutionäre	
Revisionisten	
jmd. diffamieren	
Marxismus-Leninismus	
Denunzianten	

2 Gib der Geschichte Yao Baos (M13) eine eigene Überschrift. Vergleiche anschließend mit Mitschülern.

3 Beurteile schriftlich, welche Folgen die von Mao ausgelöste „Kulturrevolution" für China hatte.

M14 Programm der Pekinger Roten Garden vom 23.8.1966

Im Zuge der „proletarischen Kulturrevolution" hetzte Mao Schüler- und Studentengruppen gegen parteiinterne Kritiker und Andersdenkende auf. Während China in bürgerkriegsähnlichen Unruhen versank, gaben sich die so gennannten „Roten Garden" folgendes Programm:

1. Jeder Bürger soll manuelle Arbeit verrichten.
2. In allen Kinos, Theatern, Buchhandlungen, Omnibussen usw. müssen Bilder Mao Tse-tungs aufgehängt werden.
3. Überall müssen Zitate Mao Tse-tungs an Stelle der bisherigen Neonreklamen angebracht werden.
4. Die alten Gewohnheiten müssen verschwinden.
5. Die Handelsunternehmungen müssen reorganisiert werden, um den Arbeitern, Bauern und Soldaten zu dienen.
6. Eine eventuelle Opposition muß rücksichtslos beseitigt werden.
7. Luxusrestaurants und Taxis haben zu verschwinden.
8. Die privaten finanziellen Gewinne sowie die Mieten müssen dem Staat abgegeben werden.[...]

12. In allen Straßen sollen Lautsprecher aufgestellt werden, um der Bevölkerung Verhaltensmaßregeln zu vermitteln.
13. Die Lehre Mao Tse-tungs muß schon im Kindergarten verbreitet werden.
14. Die Intellektuellen sollen in Dörfern arbeiten.
15. Die Bankzinsen müssen abgeschafft werden.
16. Die Mahlzeiten sollen gemeinsam eingenommen werden, und es soll zu den Sitten der ersten Volkskommunen im Jahr 1958 zurückgekehrt werden.
17. Auf Parfüms, Schmuckstücke, Kosmetik und nichtproletarische Kleidungsstücke und Schuhe muß verzichtet werden. [...]

21. Die alte Malerei, die nicht politische Themen zum Gegenstand hat, muss verschwinden.
22. Es kann nicht geduldet werden, daß Bilder verbreitet werden, die nicht dem Denken Mao Tse-tungs entsprechen.
23. Bücher, die nicht das Denken Mao Tse-tungs wiedergeben, müssen verbrannt werden.

Jisinhua, 23. August 1966. Zit. nach: Ostkolleg der Bundeszentrale für politische Bildung (Hrsg.): VR China im Wandel, Bonn 1988, S. 235.

M15 Rote Garden während der Kulturrevolution

picture-alliance/dpa, Koch.

1 Fasse das Programm der Roten Garden in ca. sechs Sätzen zusammen.

2 Beurteile das Programm der Roten Garden. Bedenke auch, welche Folgen eine Anwendung der Paragraphen für echte oder vermeintliche Gegner des Programms haben konnte.

3 Beschreibe das Foto M15. Setze es anschließend mit Quelle M14 in Zusammenhang.

M16 Ein Massenmörder ist tot

Der amerikanische Karikaturist Tom Curtis kommentiert die Reaktion der Chinesen auf den Tod Maos:

"Greater than Hitler! Greater than Stalin! A truly great man!"

Tom Curtis: „Greater than Hitler! Greater than Stalin! A truly great man!", Milwaukee Sentinel, September 1976.

M17 Was bedeutet Maos Tod für die USA?

Die amerikanische Zeitung The Modesto Bee veröffentlichte folgenden Nachruf auf Mao:

„Wir sollten immer bescheiden sein", sagte der Vorsitzende Mao Tse-tung in seinem kleinen roten Buch der Zitate. Mao hat sich nicht immer an das kleine rote Buch gehalten, aber der Soldat, Guerillastratege, klassische Dichter, Historiker und marxistische Philosoph hat immer auf seine bescheidene Herkunft vertraut. Als Bauernsohn, der zu einem der größten Revolutionäre des 20. Jahrhunderts wurde, hatte Mao nicht nur großen Einfluss auf das Leben seiner Landsleute, sondern wurde auch zum Vorbild für Revolutionäre in vielen rückständigen Regionen der Welt. Er führte den langen Kampf an, der mit dem Triumph seiner Art von Kommunismus – in der Dritten Welt Maoismus genannt – in China endete, und brach dann mit der sowjetischen kommunistischen Partei: Ein Schisma, das die kommunistische Welt spaltete. Selten, vielleicht noch nie in der Geschichte, wurde eine Regierungsstruktur so sehr um einen Mann herum aufgebaut wie in der Volksrepublik China. Mao war der Kitt, der die Republik zusammenhielt. In seinem eigenen Land wurde er vergöttert und in der Dritten Welt war er ein Halbgott des Marxismus. [...]

Als Revolutionär und Romantiker verschmähte Mao die Routine, war aber zutiefst von der Vorstellung überzeugt, dass ein ständiger Kampf notwendig sei, um Chinas revolutionäre Reinheit zu bewahren. Mao starb mit 82 Jahren und erlebte noch, wie viele seiner Träume Wirklichkeit wurden. Die 800 Millionen Menschen in China sind zwar abergläubisch und größtenteils Analphabeten, haben aber genug zu essen, sind angemessen gekleidet, können produktiv in Industrie und Landwirtschaft arbeiten und haben die Chance auf eine Ausbildung. Es wird erwartet, dass sein Tod den Machtkampf, der Peking seit Jahren mit Unterbrechungen erschüttert und der nach Chous Tod mit neuer Intensität aufflammte, verschärfen wird. Führungswechsel sind in kommunistischen Ländern keine Selbstverständlichkeit. Wir hoffen, dass das Land auf Maos Abgang vorbereitet war. Wir können uns nur zurücklehnen und hoffen, dass etwaige innenpolitische Unruhen in China die Beziehungen zwischen den USA und China nicht beeinträchtigen werden.

The Modesto Bee (USA), 10. September 1976 (übersetzt von U. Schnakenberg).

1. Wie würdest du aus heutiger Sicht Maos Wirken beurteilen? Notiere einige positive und negative Aspekte.
2. Beschreibe und interpretiere die Karikatur M16.
3. Analysiere M17. Vergleiche mit deiner eigenen Einschätzung zum Wirken Maos.
4. Gib M16 und M17 jeweils eine eigene Überschrift, welche die Aussagen der Quelle in wenigen Worten präzise zusammenfasst.
5. Beurteile die beiden Sichtweisen auf die „Leistungen" Maos.

M18 Wer war Mao – und wie wurde er der „rote Kaiser"?

https://wdrmedien-a.akamaihd.net/medp/podcast/weltweit/fsk0/120/1203045/wdrzeitzeichen_2016-09-09_maozedong-chinesischerpolitikertodestag09091976_wdr5.mp3

Mao Zedong, chinesischer Politiker. WDR ZeitZeichen. 9.9.2016. 14:25 Min., verfügbar bis 4.9.2096. WDR 5.

1. Höre dir die WDR-Radiosendung zu „Mao Zedong, chinesischer Politiker" an. Mache dir während und nach dem Hören Notizen zu seiner Biographie.
2. Erstellt in Gruppen einen eigenen Podcast zu Mao. Nutzt dafür seriöse Internetquellen wie z. B. Planet Wissen. https://www.planet-wissen.de/geschichte/diktatoren/mao_zedong_gnadenloser_machtmensch/index.html

M19 Tod Maos – Richtungsänderung unter Deng?

Mao starb 1976. Bald darauf kehrte der zweimal von der Macht entfernte Deng Xiaoping ins Zentrum der Kommunistischen Partei zurück. In einer programmatischen Rede forderte er am 16. September 1978:

Die Welt verändert sich täglich, ständig treten neue Dinge und Probleme auf. Wir können es uns nicht leisten, unsere Tür zu verschließen, denkfaul zu sein und für immer zu bleiben. In der heutigen Welt gelten wir als ein ______________ (1) Land. Selbst innerhalb der ______________ (2) werden wir als relativ unterentwickelt eingestuft. Unser Land ist ein sozialistisches Land. Die Überlegenheit unseres ______________ (3) Systems kommt im Grunde genommen dadurch zum Ausdruck, dass es den Produktivkräften unserer Gesellschaft erlaubt sich mit einer im alten China nie gekannten Schnelligkeit zu entwickeln und uns ermöglicht die stets zunehmenden materiellen und kulturellen Bedürfnisse unseres ______________ (4) allmählich zu befriedigen.

Vom historisch-materialistischen Standpunkt aus gesehen sollte eine korrekte politische ______________ (5) sich schließlich in der Entwicklung der Produktivkräfte der Gesellschaft und in der Verbesserung des materiellen und kulturellen Lebens des Volkes zeigen. Wenn über eine lange historische Periode hinweg die Wachstumsrate der Produktivkräfte in einem sozialistischen Land hinter der der kapitalistischen Länder zurückbleibt, wie könnten wir dann von der ______________ (6) des sozialistischen Systems sprechen? Wir müssen uns darüber Gedanken machen: Was haben wir wirklich für das Volk getan?

Aus: Deng Xiaoping, Hebt das Banner der Mao-Zedong-Ideen hoch und haltet an dem Prinzip fest, die Wahrheit in den Tatsachen zu suchen (16. September 1978). in: Deng Xiaoping, Ausgewählte Schriften (1975–1982), Peking 1985, S. 157–160.

1. Fülle die Lücken mit den folgenden Begriffen: Führung, sozialistischen, Dritten Welt, Volkes, Überlegenheit, armes.
2. Notiere alle Begriffe, die der kommunistischen Ideologie sowie dem Feld der Wirtschaft entstammen.
3. Fasse die Kernaussage der Rede in zwei Sätzen zusammen.
4. Deng galt als Anhänger der Marktwirtschaft – zugleich aber als überzeugter Kommunist. Erläutere die Widersprüche, die eine solche Position zur Folge hat.

M20 Rufe nach Demokratie

Am 21. April 1989 stellten chinesische Studenten in Peking unter anderem folgende Forderungen auf:

3. Unverzüglicher Erlass eines Pressegesetzes, Zulassung von privaten Zeitungen und Anerkennung der Pressefreiheit.
4. Offenlegung der Besitz- und Einkommensverhältnisse der Staatsführer und ihrer Angehörigen gegenüber dem Volk, Untersuchung von Amtsmissbrauch und Veröffentlichung aller Details.
5. Formelle Darlegung der Verfehlungen der zuständigen Staatsführer im Erziehungssektor gegenüber dem Volk und Strafverfolgung der Verantwortlichen. Erhebliche Ausweitung der Ausgaben für das Erziehungswesen und Erhöhung der Gehälter von Professoren und Dozenten.
7. Mit besonderem Nachdruck die Forderung einer fairen und verlässlichen Berichterstattung gegenüber der Demokratiebewegung.

Peter Lautzas: China im 20. Jahrhundert, Schwalbach/Ts. 2014, S. 17.

M21 Befreit sich der chinesische Drache von seinen Fesseln?

Der deutsche Karikaturist Walter Hanel (FAZ, Kölner Stadtanzeiger) kommentierte die Vorgänge in Peking im Juni 1989:

Ulrich Schnakenberg: Geschichte in Karikaturen I. Deutschland und die Welt, 1945 bis heute, Schwalbach/Ts. 2011, S. 57.

Hinweis: Der Kopf links soll Lenin darstellen, der Kopf rechts Karl Marx.

1. Stelle den Forderungen der Studenten (M15) deine Vermutungen gegenüber, wie die politische Lage in China damals wohl gewesen ist. Beispiel: „Wenn die Studenten die ‚Zulassung von privaten Zeitungen' fordern, heißt das im Umkehrschluss, dass ...".
2. Beschreibe und interpretiere die Karikatur M16.

M22 Die Studentenproteste 1989 und deren Niederschlagung

In seinem Buch „Drachentanz. Chinas Aufstieg zur Weltmacht und was er für uns bedeutet" beschreibt der Journalist Matthias Naß, was sich im Juni 1989 auf dem Tiananmen-Platz in Peking zutrug:

In der Nacht vom 3. auf den 4. Juni 1989 rollten dann die Panzer in die Stadt. Wahllos schossen die Soldaten auf Demonstranten, Bürger, die sich ihnen verzweifelt in den Weg stellten, und unbeteiligte Passanten. Hunderte starben in dieser Nacht. Niemand kennt bis heute die genaue Zahl der Opfer. Zhao Ziyang wurde des Amtes enthoben, bis zu seinem Tod 2005 sollte er unter Hausarrest stehen. Neuer Generalsekretär wurde Jiang Zemin, bis dahin Parteichef von Shanghai.

Eine Verfolgungswelle rollte über das Land. Mehr als tausend Menschen wurden als „Konterrevolutionäre" und „Aufrührer" verhaftet. Fernsehbilder zeigten Spuren der Folter auf den Gesichtern der Festgenommenen. Polizei und Militär hatten Schießbefehl, die Bevölkerung wurde zur Denunziation aufgerufen. Trotzdem gelang einigen der prominentesten Führer der Studentenbewegung auf verschlungenen Wegen über Hongkong die Flucht nach Taiwan, in die Vereinigten Staaten oder nach Europa. Dort leben viele von ihnen bis heute im Exil, die Rückkehr in die Heimat bleibt ihnen verschlossen.

Gut zwei Wochen nach der Schreckensnacht traf sich [...] das Politbüro zu einer erweiterten Sitzung, um eine Bewertung der Revolte und ihrer Niederschlagung vorzunehmen, um die Reihen in der Parteispitze zu schließen und um eine verbindliche Sprachregelung für das Geschehen zu finden. [...] Die Versammelten versicherten sich gegenseitig, dass die Niederwerfung des „konterrevolutionären Aufruhrs" unvermeidlich gewesen sei und der Kampf gegen die „bürgerliche Liberalisierung" unvermindert weitergehen müsse. Das Ziel der Demonstranten sei nichts Geringeres gewesen, sagte etwa der ehemalige Marschall der Volksbefreiungsarmee Xu Xiangqian, als der Umsturz und die Gründung einer „bürgerlichen Republik, die antikommunistisch und antisozialistisch sein würde und ein totaler Vasall der westlichen Mächte".

In den Geschichtsbüchern und den offiziellen Medien Chinas wird der 4. Juni 1989 bis zum heutigen Tag verschwiegen. Die meisten jungen Chinesen dürften nie davon gehört haben. Aber viele Bürger kennen die Wahrheit. Am besten kennt die Partei sie selbst, die sie zu tilgen versucht. Ob ihr das gelingen kann?

Matthias Naß: Drachentanz. Chinas Aufstieg zur Weltmacht und was er für uns bedeutet, München 2021, S. 58–60.

M23 „Stationen die Niedergangs"

Diese Karikatur Fritz Behrendts erschien am 7. Juni 1989 im Berliner Tagesspiegel:

Stationen des Niederganges. Zeichnung: Behrendt

Fritz Behrendt: Stationen die Niedergangs, Tagesspiegel, 7. Juni 1989.

1. Schaue dir im Internet ein kurzes Video zu den chinesischen Studentenprotesten im Mai/Juni 1989.
2. Partnerarbeit: Stellt euch die Hintergründe und Folgen der Studentendemonstrationen gegenseitig vor.
3. Beurteile die Reaktion der KPCh auf die Proteste (M22).
4. Interpretiere die Karikatur M23 im historischen Kontext der Jahre 1953 bis 1989.

M24 Der „Bodensatz der Gesellschaft"? Die Sicht der Führung der KPCh auf den 4.6.1989

Deng Xiaoping 1979.

Wenige Tage nach der blutigen Niederschlagung der Proteste, bei der nach unterschiedlichen Schätzungen mehrere tausend Menschen ums Leben kamen, hielt Deng Xiaoping, der starke Mann der KPCh, die folgende Rede:

Ihr Genossen habt harte Arbeit geleistet.

Als erstes möchte ich meine tief empfundene Trauer über diejenigen Genossen in der Volksbefreiungsarmee, der Bewaffneten Polizei und der Sicherheitspolizei zum Ausdruck bringen, die sich in diesem Kampf heldenhaft geopfert haben. [...] Der Leitartikel der Volkszeitung vom 26. April brachte das Wesen des Problems auf den Begriff Aufruhr. Aufruhr war genau das richtige Wort. Einige Leute waren gegen diese Bezeichnung und wollten sie abändern. [Aber] die Praxis hat erwiesen, dass diese Einschätzung korrekt war. Dass die Angelegenheit sich später zu einem konterrevolutionären Aufstand entwickelte, war ebenfalls zwangsläufig.

Wir haben eine Gruppe von alten Genossen einschließlich Militärs, die [immer noch] gesund und munter sind, und wir haben noch eine Gruppe von Kernkadern, die zu allen Zeiten an der Revolution teilgenommen haben. Aus diesem Grunde war es jetzt verhältnismäßig leicht die Angelegenheit in den Griff zu bekommen. Die Hauptschwierigkeit war, dass wir nie zuvor mit einer solchen Situation konfrontiert worden sind. Eine kleine Handvoll von schlechten Leuten mischte sich unter so viele junge Studenten und Massen von Zuschauern. Man konnte sie nicht auseinanderhalten. Das hat dazu geführt, dass uns viele Maßnahmen, die zu ergreifen waren, nur schwer von der Hand gingen. Wenn unsere Partei nicht so viele alte Genossen zur Unterstützung gehabt hätte, dann hätten wir selbst das Wesen der Angelegenheit nur schwer erkannt. Einige Genossen verstehen den Kern des Problems nicht und meinen, es handelte sich lediglich um eine Frage des Umgangs mit den Massen. In Wirklichkeit hatten wir es nicht allein mit einigen nicht zu identifizierenden Gegnern in der Masse zu tun, sondern auch mit einer Gruppe von Rebellen und mit dem Bodensatz der Gesellschaft in großem Ausmaße. Die wollten unseren Staat umstürzen, unsere Partei umstürzen, das war der Kernpunkt des Problems. Wer das nicht begreift, der weiß nicht, worum es geht. [...] Ihr Ziel war, eine vollkommen vom Westen abhängige kapitalistische Republik aufzubauen.

Deng Xiaopings Rede vom 9. Juni 1989. In: Jürgen Domes, China im Aufbruch, Frankfurt 1990, S. 253 ff.

Worterklärung:
Kader: hohe Parteimitglieder

1. Erläutere, was laut Deng „das Wesen der Angelegenheit" war.
2. Analysiere und beurteile Dengs Darstellung der Ereignisse auf dem Tiananmen-Platz im Juni 1989.
3. Einige westliche Beobachter stimmten Dengs Sichtweise zu, dass eine Niederschlagung der Proteste letztendlich unumgänglich und insofern verständlich war. Beurteile.

M25 „Die wichtigste Wahl der Welt"? – Ein neuer starker Mann in Peking

Xi Jinping ließ sich im Oktober 2022 erneut an die Spitze der KP wählen. Dazu schrieb die amerikanische Zeitung „The Wall Street Journal":

Die wichtigste Wahl der Welt in diesem Jahr ist überhaupt keine Wahl. Es ist eine Krönung. Wenn Chinas Kommunistische Partei diese Woche Präsident Xi Jinping für eine dritte fünfjährige Amtszeit salbt, wird das Chinas Verbindung von aggressivem Nationalismus und kommunistischer Ideologie bestätigen, die die größte Bedrohung der Freiheit der Welt ist. Sie garantiert nahezu eine Konfrontation zwischen China und den Vereinigten Staaten von Amerika. Wir sagen das mit Bedauern, und nicht nur, weil Krieg mit China eine Katastrophe wäre. Als China sein Reformprojekt unter Deng Xiaoping in den frühen 1980er-Jahren begann, gab es Grund zur Hoffnung, dass das Reich der Mitte nach und nach seine mörderische kommunistische Vergangenheit hinter sich lassen würde. [...] Man konnte um einer besseren Welt willen darauf hoffen, dass China dem Weg anderer ostasiatischer Nationen folgen würde, die sich in dem Maße zu Demokratien entwickelten, wie die Mittelschicht wuchs. Aber Chinas Kommunistische Partei hat niemals ihren Griff auf die Macht gelockert.

Übersetzung: Frankfurter Allgemeine Zeitung, 18.10.2022.

M26 Wie den Machterhalt sichern? Xi Jinpings Programm

Der China-Kenner Kai Strittmatter schreibt über Xis Ideologie:

Xis Einmannherrschaft [birgt] Risiken. Sie macht ein bis vor Kurzem erstaunlich wandlungsfähiges System wieder rigide und unempfänglich für Kritik und neue Ideen. Sie gebiert ihm Feinde und Rachegelüste in den eigenen Reihen. Xi weiß um die Probleme. Auch deshalb schenkt er seinem Volk die nationale Großmachtfantasie. Und wieder einen ideologischen Feind: den Westen. Von allen Wegen, die Nation zu einen, sind das die billigsten. Es sind auch die, die dem Westen am meisten zu denken geben sollten. [...] Xi Jinping hat eine Botschaft an die Welt: China kehrt zurück an die Spitze der Nationen. Und die Parteimedien trommeln: Mach Platz, Westen! Macht Platz, Kapitalismus und Demokratie! Hier kommt zhongguo fang'an, die „chinesische Lösung".

Nach Jahren in der Defensive behauptet die KP unter Xi Jinping wieder stolz die Überlegenheit ihres Systems. Chinas Demokratie, sagt Xi, sei „die echteste Demokratie", und die effizienteste dazu. Der liberale Westen hingegen, schreibt die Propagandapresse triumphierend, ersaufe „in Krisen und Chaos".

Strittmatter, Kai: Die Neuerfindung der Diktatur, München 2018, S. 13.

Xi Jinping (European Union 2024, CC BY-SA 4.0).

1. Was weißt du über Xi Jinping? Tausche dich mit deinem Nachbarn aus.
2. Liste die zentralen Aussagen aus M20 in Form von drei bis vier Thesen auf.
3. Beurteile die Aussagen des Autors, indem du diese Thesen überprüfst (M20).
4. Erläutere Xis politische Überzeugungen sowie die Ziele seine Politik (M21).

M27 Die Volksrepublik China im Vergleich zum Westen – der demokratischere Staat?

Der Autor des folgenden Textes aus dem Jahre 2022 befasst sich mit der „chinesischen Demokratie“:

Ist China eine Demokratie? Diese Frage hat die Geschichte bereits beantwortet. Mit der Gründung der Volksrepublik im Jahr 1949 hat China erfolgreich den bedeutenden Sprung von der einstigen feudalen Autokratie, die Jahrtausende andauerte, hin zur Volksdemokratie vollzogen. Dennoch gibt es Länder, die behaupten, China sei keine Demokratie. Aber damals, als das chinesische Volk sich unter der Führung der KP Chinas die Volksdemokratie hart erkämpfte, standen diese sogenannten demokratischen Staaten auf der Seite der damals in China herrschenden autokratischen und reaktionären Regierung, ja sie stellten ihr sogar Gelder und Waffen zur Verfügung, um das chinesische Volk abzuschlachten. Diese Länder und ihre Politiker sind nicht berechtigt, mit dem Finger auf die Demokratie in China zu zeigen. Es sind die 1,4 Milliarden Chinesen, die in dieser Frage das Sagen haben.

Nach der Revolution von 1911, die Chinas Feudalsystem beendete, wurde die westliche Demokratie versuchsweise in China eingeführt, erwies sich jedoch als Fehlschlag. Aus dieser bitteren Erfahrung zog die neu gegründete Volksrepublik ihre Lehren und entschied sich gegen ein Mehrparteiensystem und parlamentarisches System nach westlichem Vorbild. Auch die Mängel des politischen Systems der Sowjetunion legte die KP Chinas in ihrer revolutionären Praxis offen, weshalb man auch das politische System der ehemaligen UDSSR sowie der osteuropäischen Länder nicht einfach kopierte.

Chinas Kommunisten passten stattdessen die Grundprinzipien des Marxismus an die Gegebenheiten, Kultur und Tradition des Heimatlandes an. Sie waren fest entschlossen, ihren eigenen Weg der demokratischen politischen Entwicklung zu beschreiten und machten China zu einem sozialistischen Land der volksdemokratischen Diktatur. Als Folge wurde eine Reihe demokratischer Systeme chinesischer Prägung etabliert, darunter das System der Volkskongresse, das System der Mehrparteienkooperation und der politischen Konsultation unter der Führung der KP Chinas, das System der regionalen Autonomie der nationalen Minderheiten und das System der Selbstverwaltung der Bevölkerung auf Basisebene. [...]

Die den gesamten Entscheidungsprozess umfassende Volksdemokratie ist, vereinfacht gesprochen, eine Verbindung von Wahldemokratie und konsultativer Demokratie. Während des gesamten demokratischen Prozesses – von der Auswahl der Regierungsbeamten über die Entscheidungsfindung bis hin zu Gesetzgebung, Verwaltung und Aufsicht – können die Menschen ihre demokratischen Rechte in Übereinstimmung mit dem Gesetz wahrnehmen.

Zu diesen demokratischen Rechten zählen das aktive und passive Wahlrecht, das Informationsrecht zu staatlichen und gesellschaftlichen Angelegenheiten, die Rechte auf Teilnahme, Mitsprache und Kontrolle sowie das Recht, staatliche Organe und deren Beamte zu kritisieren und Verbesserungsvorschläge zu unterbreiten. Auch zählen dazu die Rede-, Presse-, Versammlungs-, Vereinigungs-, Demonstrations- und Glaubensfreiheit. Wie die demokratische Beteiligung werden diese bürgerlichen und politischen Rechte der Bevölkerung ebenfalls im gesamten Prozess gewährleistet.

Li Junru: Menschenrechte und Volksdemokratie – Wie die Chinesen im gesamten politischen Entscheidungsprozess beteiligt werden, in: China Heute, 14. März 2022. http://german.chinatoday.com.cn/2018/zt/rmxf/202206/t20220616_800297099.html

M28 Die Falschmünzer und die vergifteten Wörter

Der Sinologie und Journalist Kai Strittmatter schrieb zum Anspruch der Kommunisten, China sei die wahre Demokratie:

Eine altbewährte Taktik ist die: Nimm die Wörter deiner Feinde und besetze sie. Freiheit ist dann Sklaverei, wie uns George Orwell lehrte, Unwissenheit ist Stärke. Und China ist ein demokratischer Rechtsstaat. Sagt die Propaganda der Partei. Es gibt in China auch eine Verfassung, deren Artikel 35 den Bürgern der Volksrepublik „die Freiheit der Rede, der Presse und der Demonstration“ garantiert. Es gibt in China auch ein „Parlament“, den Nationalen Volkskongress, es gibt „Wahlen“, und die Bürger werden regelmäßig aufgefordert, von ihrem „heiligen und feierlichen Stimmrecht“ Gebrauch zu machen.

[...] In der Praxis herrschten [jedoch] stets der Zentralismus und die Diktatur, die Demokratie bleibt dem Volk als tote Worthülse im Halse stecken. Der Untertan erfährt so seine „Wahlen“, sein „heiliges Stimmrecht“ und seine „Freiheit“ als ewige Farce, die Wörter verlieren jegliche Bedeutung, sie sind diskreditiert. [...] Die Falschmünzer hoffen nicht umsonst auf die Wirkung ihrer vergifteten Wörter. Das Denken lenkt die Sprache, ja, aber die Sprache lenkt, die Sprache korrumpiert auch das Denken.

Strittmatter, Kai: Die Neuerfindung der Diktatur, München 2018, S. 24 f.

1. Analysiere M27 quellenkritisch.
2. Erkläre, was Strittmatter mit „Falschmünzern“, „vergifteten Wörtern“ und dem Satz „Nimm die Wörter deiner Feinde und besetze sie“ meint (M28).
3. Bewerte die Aussagen des Autors von M27. Beziehe dich dabei auf die Werte des Grundgesetzes.

M29 Gelenkte Erinnerung. Wie historische Ereignisse glorifiziert, umgedeutet oder verschwiegen werden

Chinas Herrscher sprechen viel über die Geschichte ihres Landes. Dabei wird die Vergangenheit häufig instrumentalisiert, um gegenwärtige politische Ziele zu erreichen:

Die Kommunistische Partei Chinas (KPCh) beschränkt sich nicht darauf, Chinas Gesellschaft in der Gegenwart zu kontrollieren, sondern dehnt die Kontrolle auch auf die Geschichte des Landes aus. Unter anderem indem sie die Erinnerung an historische Ereignisse ideologisiert, legitimiert die KPCh ihre Herrschaft. Letztere erscheint so als zwangsläufiges und durchweg positives Ergebnis einer langen Geschichte. Diese Ideologisierung der eigenen Geschichte erschwert die Zusammenarbeit mit China. Denn auch Chinas Partner sollen akzeptieren, wie die historischen Fakten verschwiegen, verdrängt oder umgedeutet werden. [...]

Universelle Werte wie Demokratie und Menschenrechte, die in verschiedenen Phasen von Chinas jüngerer Geschichte eine wichtige Rolle spielten, werden gezielt verschwiegen und können daher nicht mehr als Berufungsgrundlage für den Austausch mit China dienen.

[...] Historische Narrative bilden den Kern der nationalen Identität Chinas. Die Zugehörigkeit zu einer jahrtausendealten Zivilisation, die sich einst selbst im Zentrum des Universums verortete, prägt das Bewusstsein der Menschen im Land. Nicht vergessen ist, dass der Weg in die Moderne durch einschneidende politische und gesellschaftliche Brüche gekennzeichnet war, durch die Erfahrung der Rückständigkeit gegenüber dem Westen und Japan, durch wirtschaftliche Ausbeutung und militärische Invasion. Vor diesem Hintergrund sind in Chinas Politik und Gesellschaft wirkmächtige geschichtliche Deutungen etabliert worden, die Orientierung vermitteln und die politische Herrschaft der KPCh legitimieren. Eines dieser Narrative lautet: Ein einiges, starkes, nationalbewusstes und zentralistisch regiertes China sei notwendig, um einerseits das Chaos, die Verwüstungen und Demütigungen aus der Zeit vor der Machtergreifung der KPCh zu vermeiden, andererseits das Land vor den Hegemonialansprüchen des Westens zu bewahren. [...]

Hanns Hilpert: Chinas gelenkte Erinnerung. Wie historische Ereignisse erinnert, glorifiziert, umgedeutet und verschwiegen werden, SWP-Aktuell 2019/A 70, 18.12.2019, https://www.swp-berlin.org/publikation/chinas-gelenkte-erinnerung, Thießen 2015.

M30 Das amerikanische Geschenk: Chaos

Luo Jie, China Daily, 8.8.2021.

1. Recherchiere zur Geschichte Chinas im 19. Jahrhundert (Stichwort „Opiumkrieg“, „Öffnung Chinas“, „Boxeraufstand“ und „Rückständigkeit gegenüber dem Westen und Japan“). Fasse deine Ergebnisse auf etwa einer halben Seite zusammen.
2. Erläutere, was „gelenkte Erinnerung“ bedeutet. Gib drei bis vier Beispiele an, wie historische Ereignisse glorifiziert, umgedeutet und verschwiegen werden (können).
3. Stelle deinem Partner deine Ergebnisse vor und tauscht euch aus.
4. Beurteile die chinesische Geschichtspolitik. Berücksichtige dabei, wie demokratische Staaten wie Deutschland mit der eigenen Vergangenheit umgehen.
5. Beschreibe, interpretiere und beurteile die Karikatur M30.

M31 Umgang mit demokratischer Opposition: Das Beispiel Hong Kong

Aus den __________ (1) Schulbibliotheken verschwinden still und leise unliebsame Bücher. Die Bibliothekare haben Schriften von __________ (2) aus den Regalen entfernt. Prominente Leitfiguren der Demokratiebewegung sind ins Exil geflohen oder haben ihren Rückzug aus der Politik angekündigt. Verleger nehmen Fotobände über den Protestsommer des Jahres __________ (3) – und natürlich auch Bücher über das __________ (4) -Massaker von __________ (5) – aus ihren Programmen.

Das nationale Sicherheitsgesetz, erst seit dem 1. Juli in Kraft, raubt den __________ (6) ihre Freiheiten in rasender Geschwindigkeit. „Befreit __________ (7), Revolution unserer Zeit" – der Protestslogan der Bewegung, vor Kurzem noch an jeder Ecke zu sehen und zu hören, ist nun offiziell verboten. Die wenigen Demonstranten, die sich weiterhin spontan in Shoppingmalls und an Kreuzungen zusammenfinden, weichen auf andere Slogans aus: „__________ (8), baut eine Nation" oder „Unabhängigkeit, der einzige Ausweg". Diese Slogans erfüllen jedoch offensichtlich den neuen Straftatbestand der Sezession. Dementsprechend sind es nicht mehr viele, die sich überhaupt noch zum Widerstand auf die Straße wagen, und viele vermeiden dabei tunlichst die Erkennungsfarbe der Demokratiebewegung, Schwarz.

„Wir hätten nie geglaubt, dass __________ (9) sich innerhalb von zwei, drei Wochen in eine totalitär regierte Stadt verwandeln kann", sagt eine Reporterin eines lokalen öffentlich-rechtlichen TV-Senders in __________ (10), die anonym bleiben will. Trotz Staatsnähe berichtete der Sender im vergangenen Jahr ausführlich über den Aufstand der __________ (11). Inzwischen haben die Reporterin und ihre Kollegen alles Bildmaterial gelöscht, auf dem die sogenannten Frontliner – die jungen Radikalen bei den Demonstrationen – zu erkennen sind. In den Redaktionen geht die Furcht vor Razzien durch die neuerdings in der Stadt stationierten chinesischen Stasi-Beamten um, und die Selbstzensur nimmt zu. Die *New York Times* hat verkündet, ein Drittel ihrer Mitarbeiter aus __________ (12) verlegen zu wollen. [...]

Das Gesetz ermöglicht es __________ (13), Handlungen unter Strafe zu stellen, die es als „subversiv gegen die Staatsmacht", „sezessionistisch", „terroristisch" oder als „Verschwörung mit ausländischen Kräften" einstuft. Unter solche Begriffe kann vieles fallen, und ebendiese gleichzeitige Breite und Vagheit der Definition von __________ (14) Sicherheitsinteressen zeigt bereits Wirkung. An Universitäten und Schulen sind die Auswirkungen des Sicherheitsgesetzes jetzt schon deutlich zu spüren: „Bleiben Sie neutral im Unterricht, und achten Sie auf Ihre Sprache", heißt es warnend in Rundmails an Lehrende. Unterrichtspläne in Fächern wie Geschichte und Philosophie stehen auf dem Prüfstand. Studierende der Politikwissenschaft bekennen, dass sie die Themen ihrer Diplomarbeiten neu überdenken, um nicht Anstoß zu erregen. [...]

Xifan Yang: Die Zeit, 22. Juli 2020.

1. Fasse die in M31 geschilderten Vorgänge in eigenen Worten zusammen.
2. Beurteile das Vorgehen der Behörden.
3. Um welchen Ort bzw. welche Zeit könnte es gehen? Stellt in PA/GA Vermutungen an, mit welchen Begriffen/Wörtern man die Lücken füllen könnte.

Lösung: es geht um die chinesische Machtübernahme in Hongkong.

Mögliche Hilfen (eventuell vor dem Kopieren abdecken):

Einige der fehlenden Wörter finden sich hier:

Peking, Tiananmen, 2019, Pekinger, Hongkonger, Sicherheitsinteressen ...

M32 Interesse an der Aufrechterhaltung von Frieden und Stabilität

Nach den Vorstellungen Xis wird China im Jahr 2049 auf Augenhöhe mit der Weltmacht USA sein. Diese Entwicklung wirft nach Ansicht des ehemaligen deutschen Botschafters und Autor Konrad Seitz wichtige Fragen auf:

Wird China dann in seine imperiale Tradition zurückfallen, in der es von den anderen Staaten Asiens den Kotau verlangt? Oder wird es bereit sein, trotz seiner überlegenen Macht mit den anderen Staaten in Beziehungen der Gleichberechtigung zusammenzuleben? Niemand kann diese Frage heute schon mit Gewißheit beantworten. Aber Chinas Politik der Integration in die Weltwirtschaft ist ein Bekenntnis zur Interdependenz. China wird auch als Supermacht so stark auf seine Handels- und Investitionsbeziehungen mit der Welt angewiesen sein, daß daraus ein bleibendes und überragendes Interesse an der Aufrechterhaltung von Frieden und Stabilität in der Welt entsteht. [...] Technologische Führerschaft, nicht territoriale Eroberung wird über Reichtum, Rang und Glorie der Nationen bestimmen.

Seitz, Konrad: Wettlauf ins 21. Jahrhundert. Die Zukunft Europas zwischen Amerika und Asien, Berlin ^{2}1999, S. 369.

M33 Ein Diktator an der Macht

Jörg Wuttke, Präsident der EU-Handelskammer in China, in einem Interview mit der FAZ über den Staatschef Xi Jinping:

Natürlich hatte für die Partei Stabilität schon immer Priorität, wie man beim Massaker auf dem Platz des Himmlischen Friedens 1989 gesehen hat. Xi Jinping ist kein Betriebsunfall der Geschichte. Man hat den Mann geholt, um für Ordnung zu sorgen. Allerdings war nicht abzusehen, dass er zum Diktator werden würde. Unter Deng Xiaoping galt die Devise, dass die Menschen reich werden sollten. Da hat unter Xi ein totaler Wechsel stattgefunden. Nun tritt China gegenüber dem Ausland robuster auf, und die Chinesen sollen alle gleich verdienen. In der Folge werden einige, die die Wirtschaft vorangebracht haben wie Alibaba-Gründer Jack Ma, zurechtgestutzt. Das Land ist definitiv kommunistischer geworden in den vergangenen 10 Jahren. Bisher haben es allerdings nur Staaten mit demokratischen Strukturen geschafft, zu reichen Industrieländern aufzusteigen.

Wuttke, Jörg: „Xi Jinping ist kein Betriebsunfall", Frankfurter Allgemeine Zeitung 17. Oktober 2022.

M34 Kein Nullsummenspiel – der Westen muss durch Chinas Aufstieg nicht absteigen

Der Wissenschaftler Xuewu Gu über die Frage, ob Chinas Aufstieg eine Bedrohung darstellt:

Selbst unter weltpolitischen Aspekten hat der Aufstieg Chinas den Westen nicht geschwächt. Ein Verteidigungszwang ist dadurch jedenfalls nicht entstanden. Es ist auffällig, wie friedlich der Aufstieg des autoritären China bislang verlaufen ist. Das verhängnisvolle Schicksal des militaristischen Japans und des nationalsozialistischen Deutschlands in der Folge von deren Machtexpansion blieb China bis heute erspart. Die Welt ist offensichtlich durch Chinas Aufstieg von einem Agrarland zu einem Industriezentrum, in dem mehr als ein Drittel der globalen Verarbeitungskapazitäten konzentriert sind, nicht in besonderem Maße verunsichert worden. Weder einen „Heißen" noch einen „Kalten" Krieg hat die chinesische Wirtschaftsexpansion und Machtausdehnung bis jetzt verursacht – auch wenn geopolitische Reibungen und territoriale Streitigkeiten im asiatisch-pazifischen Raum seit 2011 durchaus zugenommen haben. [...] Die Einsicht, dass das Land seine Modernisierung nur in Kooperation mit den führenden Industriestaaten erreichen könne, ist politscher Konsens unter den Regierungseliten im chinesischen Politbüro.

Gu, Xuewu: Die Große Mauer in den Köpfen, Hamburg 2014, S. 20 f.

M35 Wird der Aufstieg Chinas friedlich verlaufen?

Zu der Möglichkeit einer militärischen Konfrontation zwischen den USA und China schreibt der Journalist Theo Sommer in seinem Buch „China First“:

In beiden Ländern [USA und China] gibt es Falken, die auf Konfrontation aus sind, und Tauben, die für Besonnenheit, Ausgleich und Kooperation eintreten. Dies gilt gleichermaßen für die handelspolitische Konkurrenz wie für die geopolitische Rivalität. Weder in dem einen noch in dem anderen Bereich fehlt es an Zunder. Wie immer, wenn eine Macht neu aufsteigt, weckt dies die Besorgnis der bisherigen Vormacht. Die Ablösung kann sich friedfertig vollziehen wie im zwanzigsten Jahrhundert zwischen Großbritannien und Amerika, aber sie kann auch zum Krieg führen wie nach 1900 zwischen Großbritannien und dem Deutschen Reich – oder vor zweieinhalbtausend Jahren zwischen Sparta und Athen.

Sommer, Theo: China First. Die Welt auf dem Weg ins chinesische Jahrhundert, München 2019, S. 353.

M36 Gefährliches Gerede vom neuen „Kalten Krieg“

Ein Zeitungsartikel vom 19. November 2020 befasst sich mit den Parallelen, die zwischen dem Kalten Krieg (USA versus Sowjetunion, 1947–1989/90) und dem wachsenden Antagonismus zwischen den USA und China heute gezogen werden:

Das US-Außenministerium hat kürzlich ein 74-seitiges Dokument zu der Frage veröffentlicht, wie die USA dem Aufstieg Chinas entgegentreten können. Wie die Medien berichten, wird darin behauptet, dass China bestrebt ist, die USA als weltweite Supermacht zu verdrängen. Es handelt sich hierbei um eine weitere Sammlung von Lügen gegen China, die von einigen „lebenden Fossilien des Kalten Krieges“ ausgeheckt wurde und dazu verdammt ist, „auf dem Müllhaufen der Geschichte zu landen“, sagte ein Sprecher des chinesischen Außenministeriums am Donnerstag.

Einige bezeichneten es als ein Papier im „Kennan-Stil“, in Anspielung auf George Kennan, jenen amerikanischen Diplomaten, der während des Kalten Krieges eine Politik der Eindämmung der Sowjetunion befürwortete. Der Sprecher des Außenministeriums, Zhao Lijian, sagte, das Dokument entlarve die tief verwurzelte Mentalität und Ideologie einiger Amerikaner aus der Zeit des Kalten Krieges sowie die Angst, die Besorgnis und die ungesunde Denkweise, die sie gegenüber einem stärkeren China hegen.

Ihre böswillige Absicht ist es, den Kalten Krieg wieder aufleben zu lassen, was vom chinesischen Volk und von Friedensliebhabern in der ganzen Welt abgelehnt wird.

„US document depicting China as threat doomed to end up in dustbin of history“, aus: Global Times, 19. November 2020, https://www.globaltimes.cn/content/1207403.shtml (übersetzt von U. Schnakenberg).

1. Überfliegt M32–M36. Teilt euch die Materialien anschließend in eurer Gruppe auf.
2. Bereite „dein“ Material in EA unter folgender Fragestellung vor: China und der Westen – Konfrontation oder Kooperation? Markiere danach deine Position auf der folgenden Positionslinie.

   Konfrontation? ———————————— **Kooperation?**
3. Tragt eure Ergebnisse in der Gruppe zusammen. Diskutiert, wo ihr euch als Gruppe zwischen den beiden Polen Konfrontation bzw. Kooperation einordnen würdet.
4. Verfasse zum Abschluss der Unterrichtsreihe einen Essay, in welchem du ausführlich zur Frage „China und der Westen – Konfrontation oder Kooperation?“ Stellung beziehst, deine Position mit Argumenten untermauerst und mit konkreten Beispielen stützt.

M37 China, der Befreier?

White: The „Liberator", The Tampa Tribune (USA), 29. Oktober 1950 (Archiv des Autors).

1. Betrachtet die Karikatur M37. Stellt in GA erste Hypothesen auf, worum es geht und was der Karikaturist sagen möchte.
2. Erschließt euch den historischen Kontext im Zuge einer Internetrecherche (EA).
3. Tragt die Rechercheergebnisse in der Gruppe zusammen und interpretiert die Karikatur gemeinsam.
4. Diskutiert, inwiefern die Aussage der Karikatur heute noch aktuell ist. Recherchiert dazu zu folgenden Themen:
   a. Die Situation in Tibet heute
   b. Die Situation in Hongkong seit 1997
   c. Die Beziehungen zwischen der Volksrepublik China und Taiwan
   d. Der Umgang mit der muslimischen Minderheit der Uiguren im eigenen Land
   e. Die Politik Chinas im Südchinesischen Meer
5. Tragt die Ergebnisse zusammen und diskutiert Aufgabe 4 erneut.

Didaktische Literatur und Unterrichtsmaterialien

Kleinknecht, Wolfgang u.a. (Hg.): Aufgabe und Gestaltung des Geschichtsunterrichts, Frankfurt/M. [3]1963 (erste Auflage 1956).

Lautzas, Peter: China im 20. Jahrhundert, Schwalbach/Ts. 2014.

Schnakenberg, Ulrich (mit Markus Bernhardt und Steffen Barth): Weltmächte in Vergangenheit, Gegenwart und Zukunft – historische Parallelen zu Chinas Aufstieg im 21. Jahrhundert, in: Geschichte lernen 206 (2022), S. 44–49.

Schnakenberg, Ulrich: „Nur die Frustration gibt Kraft zur Utopie". Über einen ziemlich verzweifelten Versuch, mit Emotionalisierung, Lebenswelt- und Gegenwartsbezügen in einem Abiturkurs (!) Interesse an Geschichte zu wecken", in: GWU, 1/2 2022, S. 78–87.

Schnakenberg, Ulrich: China in der Karikatur. Problemorientierte Karikaturenrallye als Einstieg, in: Unterricht Wirtschaft und Politik, 4/2014, S. 10-15.

Schnakenberg, Ulrich: Geschichte in Karikaturen I. Deutschland und die Welt, 1945 bis heute, Schwalbach/Ts. 2011.

Schnakenberg, Ulrich: Politik in Karikaturen II, Schwalbach/Ts. 2017.

Spieß, Christian: Quellenarbeit im Geschichtsunterricht. Die empirische Rekonstruktion von Kompetenzerwerb im Umgang mit Quellen, Göttingen 2014.

Fachliteratur

Aust, Stefan/Geiges, Adrian: Xi Jinping. Der mächtigste Mann der Welt, München 2021.

Diekötter, Frank: Diktator werden, Stuttgart 2020.

Domes, Jürgen: China im Aufbruch, Frankfurt 1990.

Gu, Xuewu: Die Große Mauer in den Köpfen, Hamburg 2014.

Mäding, Klaus: China: Kaiserreich und Moderne, Berlin 2010.

Moise, Edwin: Modern China, Harlow 1986.

Naß, Matthias: Drachentanz. Chinas Aufstieg zur Weltmacht und was er für uns bedeutet, München 2021.

Paul, Gerhard: „Chinas Mona Lisa". Zur Geschichte des Mao-Porträts und seiner globalen Rezeption, APuZ 39/2010.

Roberts, J. A. G.: A concise history of China, Cambridge 1999.

Schmidt-Glintzer, Helwig: Das neue China, München 2021.

Schuman, Michael: Die ewige Supermacht, Berlin 2021.

Seitz, Konrad: China. Eine Weltmacht kehrt zurück, Berlin 2000.

Seitz, Konrad: Wettlauf ins 21. Jahrhundert. Die Zukunft Europas zwischen Amerika und Asien, Berlin [2]1999.

Sieren, Frank: Der China Schock. Wie Peking sich die Welt gefügig macht, Berlin 2008.

Sommer, Theo: China First. Die Welt auf dem Weg ins chinesische Jahrhundert, München 2019.

Spence, Jonathan D.: Chinas Weg in die Moderne, Bonn 2008.

Strittmatter, Kai: Chinas neue Macht, München 2020.

Strittmatter, Kai: Die Neuerfindung der Diktatur, München 2018.